Aux Amis de la France.

LA FRANCE

ET

MARIE

PAR

FÉLIX GABRIEL

PARIS

'RAIRIES CATHOLIQUES

—

1877

LA FRANCE

ET

MARIE

Aux Amis de la France.

LA FRANCE

ET

MARIE

PAR

FÉLIX GABRIEL

PARIS

LIBRAIRIES CATHOLIQUES.

—

1877

A

L'IMMACULÉE VIERGE

MARIE

POUR

LA FRANCE

8 *Décembre* 1877.

PREMIÈRE PARTIE

LA FRANCE

ET

SA MISSION PROVIDENTIELLE

Regnum Christianissimum,
Gesta Dei per Francos.

LA FRANCE

ET

SA MISSION PROVIDENTIELLE

Au temps de sa réelle grandeur, notre noble patrie était, dans ses lois, dans ses mœurs, dans ses institutions, toute pétrie de Catholicisme. On a pu écrire alors que « le royaume de France était le plus beau après celui du ciel. »

Comment est-elle tombée ?

Vous avez entendu l'amer sarcasme de l'impiété devant notre pauvre France humiliée et mortellement atteinte : c'est à ce degré de décadence que le Catholicisme a conduit une grande nation !

Ah! la cause de cette décadence est ailleurs....

La France, a dit un de nos évêques, est tombée, non pas parce qu'elle est catholique, mais parce qu'elle l'est trop peu. C'est le Catholicisme qui a fait la France, lui seul saura la refaire.

Pourquoi?

Parce que lui seul pénètre jusqu'à l'âme, et c'est l'âme qui souffre.

Le vieux peuple franc a été infidèle à sa mission. Nous ne voulons pas rappeler les fautes qu'il a commises : l'univers les sait, lui-même les confesse.

Disons seulement quelle était la *mission de la France.*

De la fontaine baptismale de la basilique de Notre-Dame de Reims la France est sortie chrétienne. Elle a rempli le monde du bruit de son nom et de sa puissance, aussi longtemps que le signe de la croix est demeuré gravé sur son front.

C'était à l'un de ces jours ténébreux, où tout est humainement désespéré pour le Christianisme, parce que tous les appuis humains lui manquent à la fois. L'Église fidèle demeure, soutenue par l'assistance de Jésus-Christ qui lui a promis l'immortalité.

Que faire dans ces situations extrêmes?

— Prier, persévérer dans le bien et attendre l'heure de Dieu.

L'heure de Dieu était marquée au cadran

de la ville et de l'église de Reims pour le jour de Noël de l'année 496. A dater de là, une grande nation, une autre tribu de Juda sous la loi nouvelle, allait commencer dans le monde :

C'étaient *les Francs.*

Les pontifes de Rome, d'accord avec les évêques des Gaules, ne s'y méprirent point. A travers l'obscurité profonde qui leur avait si longtemps et si douloureusement voilé le mystère de l'avenir, ils saluèrent aussitôt l'astre nouveau qui se levait en Occident, et ils conçurent des présages qui n'étaient point trompeurs.

Telle est la mission providentielle de la France.

La France est la race élue, la nation sainte et prédestinée.

C'est sous la plume d'Alcuin lui-même, qui a vécu auprès du plus grand monarque du peuple français, Charlemagne, et qui avait étudié de plus près qu'aucun autre le tempérament de cette nation, que nous lisons ces mots : « Le roi Clovis, instruit dans la voie de Dieu et arraché aux chaînes de l'idolâtrie, ayant franchi les portes de l'éternelle lumière, et donné sa foi au Christ avec la très-forte nation des Francs, *celle-ci est devenue la nation sainte, et Dieu en a fait à jamais l'acquisition pour le service de sa vérité et de sa cause.* »

Entendez maintenant la grande voix de Bossuet :

« Quand le temps fut arrivé que l'empire romain devait tomber en Occident et que la Gaule devait devenir France, Dieu ne laissa pas longtemps sous des princes idolâtres une si noble partie de la chrétienté; et voulant transmettre aux rois des Français la garde de son Eglise qu'il avait confiée aux empereurs, il donna non-seulement à la France, mais encore à tout l'Occident, un nouveau Constantin en la personne de Clovis. La victoire miraculeuse qu'il envoya du ciel à ces deux princes guerriers, fut le gage de son amour et le glorieux attrait qui leur fit embrasser le Christianisme. La foi fut victorieuse, et la belliqueuse nation des Francs connut que le Dieu de Clotilde était le vrai Dieu des armées.

» Alors saint Remi vit en esprit qu'en engendrant en Jésus-Christ les rois des Français avec leur peuple, il donnait à l'Eglise d'invincibles protecteurs. Ce grand saint et ce nouveau Samuel appelé pour sacrer les rois, sacra ceux-ci, comme il dit lui-même, pour être « les perpétuels défenseurs de l'Eglise et des pauvres, » digne objet de la royauté; et après leur avoir enseigné à faire fleurir les églises et à rendre les peuples heureux, il priait Dieu, nuit et jour, qu'ils persévérassent dans la foi et qu'ils régnassent selon les règles qu'il leur avait données, leur prédisant en même temps qu'en dilatant leur royaume, ils dilateraient celui de Jésus-Christ; et que s'ils étaient fidèles à garder les lois qu'il leur prescrivait de la part de Dieu, l'empire romain leur serait donné; en sorte que les rois de France sortiraient des empereurs dignes de ce nom, qui feraient régner Jésus-Christ..... Tous les saints qui étaient alors furent réjouis, et, dans le déclin de l'empire romain, ils crurent voir paraître dans les rois de France « une nouvelle lumière pour tout l'Occident: » *In occiduis partibus novi jubaris lumen effulgurat :* et non-seulement pour tout l'Occident, mais encore pour toute l'Eglise à laquelle ce nouveau royaume promettait de nouveaux progrès... Leur foi croissait avec leur empire, et, selon la prédiction de tant de saints, l'Eglise s'étendait par les rois de France. L'Angleterre le sait, et le moine saint Augustin son premier apôtre. Saint Boniface, l'apôtre de la Germanie, et les autres apôtres du Nord ne reçurent pas un moindre secours de la France; et Dieu montrait dès lors, par des signes manifestes, ce que les siècles suivants ont confirmé, qu'il voulait que les conquêtes des Français étendissent celles de l'Eglise (1). »

Les papes et l'Église bénirent Pepin, chef de la seconde race. Après lui Charlemagne régna pour le bien de l'Église. « Il eut tant d'amour pour elle, que le principal article de son testament fut de recommander à ses successeurs la défense de l'Église de saint Pierre comme le précieux héritage de sa maison, qu'il avait reçu de son père et dé son aïeul et qu'il voulait laisser à ses enfants. Ce même amour lui fit dire ce qui fut répété depuis par tout un concile sous l'un

(1) Bossuet. *S. sur l'unité de l'Eglise.*

de ses descendants, que « quand cette Église imposerait un joug à peine supportable, il le faudrait souffrir » plutôt que de rompre la communion avec elle. *Elle n'imposait point de tel joug, mais ce sage prince voulait tout prévoir pour affermir l'union dans tous les cas* (1).

Personne n'ignore ce que Charlemagne, à l'exemple du roi son père, fit pour la grandeur temporelle du Saint-Siége et de l'Église romaine : « Dieu, dit Bossuet, qui voulait que cette Église, la Mère commune de tous les royaumes, dans la suite ne fût dépendante d'aucun royaume dans le temporel, et que le Siége où tous les fidèles devaient garder l'unité, à la fin fût mis au-dessus des partialités que les divers intérêts et les jalousies d'État pourraient causer, jeta les fondements de ce grand dessein par Pepin et par Charlemagne. »

(1) Bossuet.

Admirable mission donnée à la France!

Grâce à la libéralité de ses rois, l'Église, indépendante dans son Chef de toutes les puissances temporelles, se voit en état d'exercer plus librement cette puissance céleste de régir les âmes, et tenant en main la balance droite au milieu de tant d'empires souvent ennemis, elle entretient l'unité, tantôt par d'inflexibles décrets, et tantôt par de sages tempéraments.

Sous la troisième race, qui devait donner saint Louis au monde, la France fut « un royaume chéri et béni de Dieu, un royaume dont l'exaltation est inséparable de celle du Saint-Siége (1). »

Quel grand exemple elle donnait alors à tout l'univers! Pendant que l'Angleterre chassait saint Thomas de Cantorbéry comme

(1) Alex. III, *Epist.* XXX, tom. X, *Conc.*, col. 1212; Innoc. III, Greg. IX, tom. XI, *Conc.*, part. I, col. 27, 367.

ennemi des droits de la royauté, la France, plus équitable, le recevait dans son sein comme le martyr des libertés ecclésiastiques.

Aussi, Dieu n'oublia pas notre généreuse patrie. Quand, sur toute la terre, on vit la piété se ralentir, et les désordres se multiplier, « elle produisit saint Bernard, apôtre, prophète, ange terrestre, par sa doctrine, par sa prédication, par ses miracles étonnants et par une vie encore plus étonnante que ses miracles. C'est lui qui réveilla dans ce royaume et qui répandit dans tout l'univers l'esprit de piété et de pénitence. »

Dieu récompensait ainsi la France, la FILLE AINÉE DE L'ÉGLISE, LE ROYAUME TRÈS-CHRÉTIEN, *Christianissimum regnum,* qui accomplissait son œuvre dans le monde: *Gesta Dei per Francos.*

Quelle est belle cette France très-chrétienne! que nos évêques avaient construite de leurs mains, pour nous servir d'une expression célèbre, comme les abeilles construisent leur ruche!...

Quelle est belle aux époques héroïques du moyen-âge! quand elle éclate en chants tour à tour tendres et sublimes; quand elle crée l'architecture de nos cathédrales et les chefs-d'œuvre de la science sacrée!

Quelle est belle la France de la chevalerie et des croisades; la France des Godefroy de Bouillon, des Ville-Hardouin, des saint Louis, des Boucicaut, des Bayard, des d'Aubusson, des Turenne!

Quelle est admirable la France de notre grande littérature chrétienne du dix-septième siècle!

Et vous, ô France des héros de la Vendée et des martyrs de Castelfidardo, vous êtes sublime!...

« Vive le Christ qui aime les Francs! *Vivat Christus qui diligit Francos!* Vive le Christ! c'est le roi des Francs! *Vivat Christus, Francorum rex!* »

Cette immortelle acclamation, écrite par nos pères en tête de la loi salique, nous dit le secret de la grandeur de la France :

Le Christ Jésus en est le Roi, l'âme, la vie!

« Le Français a besoin de religion plus que tout autre homme; s'il en manque, il n'est pas seulement affaibli, il est mutilé [1]. »

A l'heure présente, nous sommes témoins du douloureux spectacle de cet affaiblissement et de cette mutilation.

O France! aurais-tu oublié ton inaltérable fidélité à l'orthodoxie, ton alliance indissoluble du sacerdoce et des pouvoirs publics, ton zèle de l'apostolat et du protectorat catholique dans le monde entier?

(1) J. de Maistre, *Du Pape*, disc. prélim. XXIV.

Aurais-tu effacé de ta vie ce triple cachet de ta vocation, cette triple condition de ta prospérité, et, partant, de la prospérité de l'Eglise et du monde?

« Naguère, au seul bruit des profanations que la croix subissait dans de lointaines contrées, l'Europe s'ébranla, et neuf fois un débordement d'héroïsme et de dévoûment alla inonder l'Orient et proclamer le règne et la victoire du Christ. Aujourd'hui, c'est à peine si on lui accorde quelques pleurs; c'est à peine si deux ou trois journalistes s'émeuvent pour la défendre. Est-ce à dire qu'elle va disparaître à jamais? La religion, dont elle est le symbole, va-t-elle s'abîmer dans la ruine commune des empires et des lois? Chrétiens! non, il n'en sera pas ainsi. »

Ce noble langage de Montalembert caractérise admirablement notre époque. Les princes, les gouvernements, les pouvoirs publics ont abandonné la religion ou ne peuvent rien, presque rien, pour elle. Tout manque à l'Eglise, excepté l'Eglise elle-même.

Pourquoi cet abandon? Pourquoi la Ville éternelle a-t-elle été envahie et profanée? Pourquoi le Pontife saint est-il captif?

O France!... Et toi! pourquoi gémis-tu sous l'étreinte mortelle de la Révolution?...

O France! souviens-toi, à cette heure d'épreuve suprême, que les peuples, comme les individus, ne grandissent et ne durent qu'en se conformant aux lois qui ont présidé à leur naissance et à leur formation première.

Depuis les horreurs de la Commune, il y a dans Paris, chez les Jésuites, rue de Sèvres, la *Chambre des Martyrs*. Pèlerin catholique dans la grande Babylone, entrez et voyez!

2

En présence de ces tables, de ces livres, de ces bréviaires qui ont servi aux victimes dans leurs cachots, de ces vêtements que les confesseurs de Dieu portaient au moment de mourir, un frisson parcourt tous vos membres....

Quel mal avaient-ils donc fait? Est-ce un crime de prier Dieu, d'aimer les hommes, d'enseigner la jeunesse, de donner l'exemple de la science et de la vertu, de répandre au loin la religion sainte qui a civilisé le monde?....

Les tombeaux sont dans l'église *du Jésus*. Des pierres funéraires redisent les noms des martyrs : Olivaint, Ducoudray, Caubert, Clerc, de Bengy, massacrés à Paris, le 24 mai 1871, les uns à la prison de la Roquette, en même temps que Mgr Darboy, les autres, deux jours plus tard, dans la Cité-Vincennes, à Belleville.

A genoux sur ces tombes, le pèlerin

sent d'ardentes prières monter de son cœur catholique vers le ciel, non pour les martyrs, — ceux qui versent leur sang en témoignage de Jésus-Christ n'attendent pas qu'on récite le *De Profundis* de la captivité — mais pour soi-même, mais pour la France malheureuse et coupable !...

Les terribles événements dont la chambre et l'église des Jésuites évoquent le lugubre souvenir, avaient été prévus. Il y a plus de vingt ans, du haut de la chaire de Notre-Dame tombait cet avertissement solennel :

« *Comedit* (il mangea) : C'est le mot par lequel l'Ecriture achève le récit de la première révolution morale de l'humanité, mot fatidique dans sa bassesse, et qui se retrouve au fond de tout ce qui périt. Balthazar mangeait quand tomba sous l'épée de Cyrus l'empire des Chaldéens ; il tenait à la main la coupe ravie aux sacrifices du vrai Dieu, coupe sacrilége renfermant à la fois la *né-*

gation et la *volupté*, lorsque le doigt prophétique écrivit sur la muraille, en face de lui, l'heure et la cause de sa condamnation. Ainsi finit Babylone dans un festin; ainsi Rome passa dans un autre festin; *ainsi meurent les empires*, la *coupe* à la main et le *blasphème* à la bouche. AINSI, FRANÇAIS, PÉRIRA LE VÔTRE, si vous n'écoutez pas ces vérités qui vous parlent encore, *si les murs de l'Évangile, à moitié rompus par vous, ne se relèvent pour vous donner un abri.* Ni vos sciences, ni vos arts, ni le formidable développement de votre puissance matérielle, avec quoi vous vous croyez assurés de contenir les hommes, rien de tout cela ne retardera d'un quart d'heure l'avénement de *votre chute appelée par votre corruption.*

« CYRUS, JE NE SAIS QUI SERA CYRUS......

» CYRUS DESSÈCHERA ENCORE UNE FOIS LES EAUX DE L'EUPHRATE, RENVERSERA ENCORE UNE

FOIS LES MURS DE BABYLONE, ET JETTERA PAR TERRE D'UN DERNIER BOND LA COUPE ET LA VIE DE BALTHAZAR....

» Des générations nouvelles, se moquant de vos doutes et de vos négations, viendront et diront : nous venons au nom de Dieu qui a fait le ciel et la terre. Races détruites, restes impurs d'un matérialisme abject, écoutez, entendez la voix de ceux qui vous apportent vérité, justice, croyance, certitude, avec le nom antique de Dieu; levez-vous, vivez encore, s'il est possible, partagez la victoire avec nous, s'il vous reste assez de force pour bénir dans vos vainqueurs *la main de Dieu qui vous a châtiés,* et qui met *dans le châtiment la résurrection* (1). »

Entendons toute la vérité !...

Le P. Félix, voyant s'éteindre partout

(1) Lacordaire, *Confér. de N.-D. de Paris,* année 1850, 63e Confér. *De la chute.*

l'amour de la vie de famille et l'amour de la religion, avait annoncé l'épouvantable catastrophe :

« Malheur aux sociétés où se multiplient de jour en jour les populations qui n'ont pas de foyers à défendre, de berceaux à protéger, ni de tombes à honorer! Si, déjà déshéritées de toutes ces saintes et patriotiques choses, elles n'ont pas gardé des autels où elles se prosternent, oui, je le répète, malheur à la société! Au jour de ses grandes crises, elle ne trouvera pas les défenseurs qu'invoquent ses dangers; elle entendra passer avec un éclat bruyant dans le vent des révolutions les soldats de l'égoïsme enrôlés par la révolte; elle ne trouvera pas ces légions héroïques qui ont la passion de donner leur vie pour protéger la terre qui porta leur berceau; et elle apprendra par ses désastres ce que c'est que de ne pas faire de la famille la source du patriotisme, et du foyer le rempart de la patrie! »

O France! tu as entendu ces avertissements tombés des lèvres de tes enfants, du haut de la chaire de ton antique et royale basilique!...

L'heure douloureuse de l'expiation a sonné pour toi!...

Tu as vu s'amonceler les ruines et couler à flots le sang!...

Les murs encore debout des Tuileries, de l'Hôtel-de-Ville, du Palais de Justice, des Greniers d'abondance, le piédestal sur lequel se dressait autrefois la colonne Vendôme... ont été pour toi autant de témoignages que *la haine de Dieu engendre la haine des hommes*, et que les ennemis de la religion et des prêtres sont aussi le plus souvent les ennemis de la propriété, de l'ordre social, de la civilisation.

L'impiété, impuissante à édifier, n'a de force que pour détruire.

Quel spectacle que ces ruines entassées par la main des hommes en délire !...

La vue des ruines faites par le temps a quelque chose qui émeut, qui élève, qui porte aux sévères pensées, à la mélancolie chrétienne, aux graves méditations sur « le néant des choses humaines. »

Ici, tout est affreux!... Instinctivement on se rappelle le mot de Lamennais : « Tirons le voile sur cette scène horrible et laissons à l'enfer ses secrets. »

Terrible leçon !...

Pourtant, au lendemain des feux de la guerre et des feux des incendies, au lendemain du calvaire de la France, on a pu tracer avec vérité ces lignes :

« Dans Paris à peine délivré des Prussiens et des communards, le sensualisme est revenu en triomphateur. Il est toujours là dans les palais dorés, les théâtres et les cafés, dans les arts, dans les rues. En 1872 comme en 1866 [1], l'amour du plaisir emporte les multitudes, les précipite dans les extravagances du luxe et le tumulte des fêtes. Il y a un an, Paris brûlait, et il danse et il chante de nouveau comme avant [2]. »

Est-ce que le sensualisme ne conduit plus à l'abîme?...

En présence des nuages chargés de foudre qui s'amassent à notre horizon ne devons-nous pas nous écrier avec Bossuet: « Malheur à la terre, malheur à la terre, encore une fois malheur à la terre, d'où sort une si épaisse fumée et des vapeurs si noires qui s'élèvent de ces passions ténébreuses et d'où partent aussi des éclairs et des

(1) L'époque de l'Exposition.
(2) *Revue générale*, Décembre 1872.

foudres contre les corruptions du genre humain (1). »

D'ailleurs, pourrions-nous oublier que, pour les peuples comme pour les individus, le plus grand des malheurs est de ne pas tirer profit du malheur, et d'être retrouvés après l'épreuve pires que l'épreuve ne les avait trouvés? Saint Augustin le disait aux hommes de son temps, après la première invasion des barbares : *Perdidistis utilitatem calamitatis, et miserrimi facti estis, et pessimi permansistis* : « Vous avez perdu le fruit de la calamité, étant devenus très-malheureux et restés très-mauvais (2). »

Toutefois, faut-il donc, à l'heure présente, désespérer de notre France malheureuse et coupable?

— Non!

(1) *Traité de la Concupiscence.*
(2) *De Civit. Dei*, L. I, c. XXVIII.

Un jour, dans une de ses immortelles conférences, le Père Lacordaire, effrayé et troublé du chaos qui se fait, s'écria avec une indicible émotion : « Mon Dieu, donnez-nous des saints ! » C'était comme Abraham qui demandait dix justes, afin que Sodome fût épargnée.

Eh bien ! à notre France aussi, dans ce siècle, Dieu a daigné accorder des saints. Germaine Cousin, tant de héros de la foi, partis de nos rivages et morts sur des plages lointaines pour le nom de Jésus-Christ, la chambre des martyrs de Paris, la maison d'Arcueil, le presbytère d'Ars : n'est-ce pas la sainteté ?

Et puis, voici que les pèlerinages rappellent à la France qu'elle est une terre religieuse et catholique : « Les pélerinages, c'est la résurrection [1]. »

(1) Mgr Mermillod.

« Il est impossible de n'être pas frappé du mouvement religieux qui se manifeste d'un bout de la France à l'autre. C'est dans les foules un élan, depuis longtemps inconnu, qui porte les cœurs vers le ciel et entraîne les populations à ces sanctuaires, où la grâce de Dieu jaillit avec plus d'abondance. Le respect humain est mis sous les pieds ; les actes de religion, les supplications solennelles semblent entrer dans les mœurs publiques de tout un peuple. Dans ses malheurs, il court embrasser les autels du Dieu tout-puissant, comme autrefois le prophète, dans ses détresses, *levait ses regards vers les montagnes saintes, d'où il attendait le secours.*

» Puisse ce réveil de la foi, au moment où tout semblait endormi dans une profonde indifférence, être l'heureux commencement de la rénovation spirituelle de notre patrie !

« Nous avons vu cesser les horreurs de la guerre étrangère et de la guerre civile, mais la paix ne s'est point faite au fond des âmes. Partout les esprits sont agités; on sent que la terre tremble, et, comme la sagesse humaine est à bout de voies dans la recherche des moyens de salut, les cœurs se tournent vers Dieu, *qui ne frappe que pour guérir, qui ne conduit au bord du tombeau que pour en ramener ceux qu'il veut sauver* (1). »

O France! marche! marche (2)! « Les pèlerinages, c'est la résurrection. »

Chrétien, enfant de cette noble terre, marche! marche!... n'oublie pas ta royale destinée!

« La patrie n'est point ici-bas: l'homme vainement l'y cherche; ce qu'il prend pour

(1) *Mandement* de Mgr Guibert, archev. de Paris.
(2) Bossuet.

elle n'est qu'un gîte d'une nuit. Il s'en va errant sur la terre. Que Dieu guide le pauvre exilé [1]! »

Marche! marche! l'œil fixé en haut!...

« Plus haut! toujours plus haut, vers ces hauteurs sereines
Où nos désirs n'ont pas de flux et de reflux,
Où les bruits de la terre, où le chant des sirènes,
Où les doutes railleurs ne nous parviennent plus! »

« Plus haut dans le mépris des faux biens qu'on adore,
Plus haut dans ces combats dont le ciel est l'enjeu,
Plus haut dans vos amours! Montez, montez encore
Sur cette échelle d'or qui va se perdre en Dieu! » (2)

Marche! marche! Chrétien, enfant de la France.....

N'oublie plus désormais le Dieu de ton berceau!...

« Pour moi, soit que ton nom ressuscite ou succombe,
O Dieu de mon berceau, sois le Dieu de ma tombe!

(1) Lamennais.
(2) V. De Laprade.

Plus la nuit est obscure, et plus mes faibles yeux
S'attachent au flambeau qui pâlit dans les cieux ;
Et quand l'autel brisé que la foule abandonne
S'écroulerait sur moi !... temple que je chéris,
Temple où j'ai tout reçu, temple où j'ai tout appris,
J'embrasserais encor la dernière colonne,
Dussé-je être écrasé sous les derniers débris (1) ! »

(1) Lamartine.

DEUXIÈME PARTIE

LA FRANCE

ROYAUME DE MARIE

Regnum Galliæ, Regnum Mariæ.

I

LA FRANCE

MÊME DANS SES PLUS MAUVAIS JOURS EST RESTÉE FIDÈLE A MARIE

Non, quoi qu'on ait dit, la France n'est pas morte. Elle est guérissable, comme toutes les nations.

Trahie, déshonorée par les faux dieux auxquels elle a rendu un culte dégradant, elle reviendra guérie, ressuscitée, vivante, aux pieds du Dieu de Clovis et de saint Remi.

Sur sa noble bannière, elle a écrit un nom plein d'espérance :

MARIE !

O Vierge immaculée, la France dont vous êtes plus particulièrement la Souveraine et la Mère, s'est éloignée de votre Fils, mais *à Vous elle est restée fidèle!*

Oh! rappelez à la Fille aînée de l'Église que la Religion est la soupape de sûreté qui prévient les catastrophes; la pompe qui extrait les flots troublés et qui, en les extrayant, empêche le navire de sombrer dans la tempête; le paratonnerre qui décharge peu à peu les noirs nuages et ne permet pas à la foudre d'éclater sur le monde.

Oh! ramenez la France à Jésus-Christ, afin qu'elle ne soit plus ballottée et brisée par ces continuelles tempêtes, bien autrement redoutables que celles de la mer.

Ave, maris stella.

Heureux les pays où le croyant touche un sol qui l'oblige à s'arrêter pour entendre cette voix secrète : « La terre sur laquelle tu es debout est une terre sainte [1]. » Telle est notre bien-aimée France, la noble nation, comme l'appelle Pie IX, le *Royaume de Marie*, comme l'ont proclamée nos vieux chroniqueurs, *Regnum Galliæ, Regnum Mariæ.*

A chaque pas, sur le sol généreux de notre patrie, le pèlerin, qui visite nos rivages, nos vallées et nos montagnes, peut constater que notre territoire est en quelque sorte la demeure de Marie. Tout embaumé

(1) Josué.

des suaves parfums de la Rose Mystique, il livre son âme aux plus salutaires émotions, pendant que son cœur débordant d'une joie toute filiale redit à la Vierge immaculée l'hymne de la reconnaissance.

— « Tu es terminé, beau pèlerinage! Mais les impressions salutaires que tu as produites dans nos âmes, te survivront toujours.

Adieu, Annecy, Ars, Paray-le-Monial, Lourdes, la Salette! Que Dieu nous accorde de vous voir encore avant de mourir!

« M. de Chateaubriand, courbé sous le poids des années, se retrouvait un jour aux bords solitaires du Lido, à l'extrémité des lagunes de Venise. Le ciel, la mer, l'air, le rivage des îles et l'horizon de l'Italie, tout se représentait aux regards du poète, comme il l'avait autrefois admiré. C'était bien là Venise avec ses coupoles sortant des eaux; c'était le lion de saint Marc avec sa fameuse inscription : *Paix à toi, Marc, mon évan-*

géliste.... Cependant le vieillard demeurait pensif et triste; il ne pouvait croire que ce fût là Venise, cette Venise de sa jeunesse qui l'avait tant ému, et comprenant que c'était lui seul qui n'était plus le même, il livra aux brises de la mer qui le sollicitaient en vain, cette parole mélancolique : « Le vent qui souffle sur une tête dépouillée, ne vient d'aucun rivage heureux [1]. »

« Ah! tels ne seront pas nos sentiments, si, au déclin de la vie, et sur le départ vers la Patrie éternelle, nous revoyons les lieux de notre pèlerinage. Les impressions religieuses, loin de s'effacer, deviennent de plus en plus vivaces et fortes, à mesure que le vent des années dépouille la tête du chrétien.

« Et si nous ne pouvons plus vous revoir,

(1) Lacordaire. *Discours prononcé à la distribution solennelle des prix de l'école de Sorèze.*

ô Annecy, ô Ars, ô Paray-le-Monial, nous vivrons de votre souvenir, comme de celui de Lourdes, de la Sainte Baume et de la Salette.

» Il y a des moments où nos cœurs ont besoin d'un tel souvenir. »

Dans ce récit, où s'épanche heureuse et reconnaissante l'âme de deux catholiques belges, au retour d'un pèlerinage sur la terre de France, ne sent-on pas comme un souffle puissant de l'amour de la patrie?

Et dulces moriens reminiscitur Argos.

La patrie! ah! pour le chrétien, c'est le ciel...

Ce qui nous enchaîne ici-bas au lieu natal, « c'est peut-être, dit Chateaubriand, le souris d'une mère, d'un père, d'une sœur; c'est peut-être le souvenir du vieux précepteur qui nous éleva, des jeunes compagnons de notre enfance; ce sont les circonstances les plus simples... : un rossignol qui revenait tous les ans dans le verger, le nid de l'hirondelle à la fenêtre, le clocher de l'église qu'on voyait au-dessus des arbres, l'if du cimetière, le tombeau gothique... » Mille impressions différentes enveloppent l'âme en présence de ces souvenirs. Eloignés de notre pays nous sentons surtout alors l'instinct qui nous y attache. Aussi, au défaut de réalité, on cherche à se repaître de songes. « Tantôt c'est une cabane qu'on aura disposée comme le toit paternel : tantôt c'est un bois, un vallon, un coteau, à qui l'on fera porter quelques-unes de ces douces appellations de la patrie. Andromaque donne le nom du *Simoïs* à un *ruisseau*. Et quelle touchante vérité dans *ce petit ruisseau*, qui retrace un *grand fleuve* de la terre natale! Loin des bords qui nous ont vus naître, la nature est comme diminuée, et ne nous parait plus que l'ombre de celle que nous avons perdue [1]. »

Pèlerin de nos rivages, le chrétien sent à chaque pas son âme comme enveloppée du pressentiment de la Patrie éternelle. La France catholique lui apparaît au pied des autels de Marie, comme l'image vivante du céleste royaume. Un cri s'échappe soudain de son cœur : « *Voilà la vraie France!* »

Oui! la France catholique, à genoux devant l'autel de la Vierge immaculée, Reine du ciel, de l'univers, et tout spécialement Souveraine de notre noble pays, voilà la vraie France!

« Qui jamais jugea de l'Océan par l'écume qu'il rejette sur ses bords? L'Océan n'est pas dans les impurs débris de ses rives : il est dans la profondeur et l'étendue de ses

(1) Chateaubriand. *Génie du Christianisme.*

eaux, dans le chemin qu'il ouvre au commerce de toutes les races, dans la solennité de son repos, dans la magnificence de ses émotions, dans l'abîme de ses bruits, comme dans l'abîme de son silence [1]. »

Etranger, vous promenez vos regards étonnés sur les tristes ravages de la Révolution!... Vous êtes surpris des louanges prodiguées à l'antique race des Francs : « Est-ce donc là, dites-vous, la Reine des nations? »

Détournez vos yeux mouillés de larmes de ce lugubre tableau ; venez aux sanctuaires de Marie.

N'entendez-vous pas les soupirs du cœur de la vraie France? Des vallées comme des hauteurs, elle crie vers la Vierge immaculée sa Souveraine et sa Mère, épuisant la langue humaine pour l'attendrir à ses ac-

(1) Lacordaire. *Lettres à un jeune homme sur la vie chrétienne.*

cents, trouvant mille invocations pressantes : Notre-Dame de la paix, Notre-Dame des affligés, Notre-Dame des captifs, Notre-Dame des sept douleurs, Notre-Dame des victoires, Notre-Dame de la garde, Notre-Dame de bon secours, de bon succès, de bon conseil, de bonne espérance !

Sur nos vertes collines comme sur l'âpre flanc de nos montagnes, dans nos fraîches vallées et sous la voûte sombre de nos forêts, aux bords de nos fontaines limpides et sur les rives de nos grands fleuves, sur les plages variées de nos mers, dans nos plus humbles hameaux comme au sein de nos villes opulentes, n'avez-vous pas entendu cette voix secrète : *La terre sur laquelle tu es debout, est une terre consacrée à la Vierge Mère, c'est* LE ROYAUME DE MARIE ?

L'écho a répondu :

« Un royaume de Marie, pas plus qu'un enfant de Marie, ne saurait périr ! »

Aussi, au siècle dernier, un grand pape n'a pas craint de déclarer la nation française impérissable, parce qu'elle est le royaume de Marie (1).

O notre espérance, salut ! *Spes nostra, salve!...*

Il y a entre Marie et la France un rapport *national*. La France est *la nation de Marie*. Elle l'est par prédestination, et n'a cessé de l'être dans tout le cours de son histoire.

Déroulons quelques pages de nos annales.

Un siècle avant Jésus-Christ, les Celtes tenaient une assemblée générale dans la grotte mystérieuse du pays chartrain, qui

(1) Mgr l'Évêque de Poitiers. *Discours prononcé à la cérémonie du couronnement de N.-D. de Chartres, le* 31 *mai* 1855.

était regardé comme le centre et le cœur de la Gaule. Là, sous le dôme verdoyant du bois sacré, l'archidruide plaçait une statue au-dessus d'une large pierre un peu creusée au milieu, et non loin d'un puits qui servait aux ablutions. Cette statue représentait une vierge assise et couronnée d'un diadème, comme une reine; elle portait une sorte de vêtement sacerdotal, comme une prêtresse; enfin, comme une mère, elle tenait sur ses genoux un petit enfant qui, de la main droite, bénissait, et de la gauche portait le globe du monde. Le titre de la dédicace était : *Virgini parituræ Druides,* les Druides à la Vierge qui doit enfanter.

La tradition d'une vierge mère était partie de la Judée, avec beaucoup d'autres enseignements religieux que Dieu avait révélés, qui étaient répandus dans la postérité d'Adam et de Noé, et qui coulaient en autant de ruisseaux qu'il y avait de peuples.

Maïs à mésure que ces ruisseaux s'éloignaient de la source primitive, la tradition qu'ils roulaient dans le torrent mouvant des siècles, se troublait et s'altérait, tout en conservant des traces de son origine céleste.

Les Druides, nos aïeux, avaient apporté ces connaissances de l'Orient ; ils en respiraient un parfum suave encore, chez les Romains, dans les oracles des sibylles ; les Gentils savaient le mystère de l'Incarnation, et le savant Fulbert prêchait que la fête de la Nativité réalisait les écrits prophétiques des Gentils, *Festivitas in quâ etiam Gentilium reserantur prænuntia scripta* (1). Ces oracles étaient d'autant plus clairs et mieux compris que les temps du Christ s'approchaient davantage : *Quæ ad mysteria Christi pertinent tantò distinctiùs*

(1) *Fulberti opera. Sermo VI, De ortu almæ...* (Patrol. Migne).

cognoverunt, quantò propinquiores fuerunt (1).

C'était donc à la Vierge promise dès le jour de la chute, à la Vierge mère du Fils de Dieu fait homme, à Marie, que cette statue était dédiée, cent ans avant la naissance du Sauveur.

Dans des lieux moins célèbres, près d'Autun, près de Dijon, à Nogent même, de semblables érections furent faites par les Druides, à l'honneur de la Mère future de Dieu qui naîtrait, *Matri futuræ Dei nascituri;* c'est le sage Guibert, abbé de Nogent qui l'écrit (2). Et le savant pape Benoît XIV, au début de son immortel ouvrage sur la

(1) *Summa Theolog.* 2a, 2æ. Q. 1a *art. VII in C.* C'est la pensée de saint Grégoire-le-Grand. (*Hom.* 16, *in Ezech.*) *Per incramenta temporum crevit divinæ cognitionis augmentum.*

(2) *Guiberti abbatis S. Mariæ de Novigento* (Nogent-sous-Coucy) *de vitâ suâ,* lib. II, p. 895 (Patrol. Migne).

canonisation des Saints, examine et reconnaît le culte antérieur de la sainte Vierge.

Mais, pourquoi Dieu leva-t-il son étendard chez les nations Cimmériennes et Teutones? Pourquoi fit-il entendre à la tribu des Carnutes le sifflement dont parle le prophète Isaïe? Pourquoi les transporta-t-il des confins septentrionaux de ce pays, et pourquoi accoururent-ils aussitôt avec une vitesse prodigieuse (1)? Pourquoi enfin, leur fit-il poser ici le centre de toutes les tribus celtiques?

La réponse à cette question est dans notre histoire et dans nos cœurs reconnaissants :

« Dans les desseins éternels de Dieu, Chartres, le cœur de notre vieille Gaule,

(1) Isaïe, V. 26. *Elevabit signum in nationibus procul, et sibilabit ad eum de finibus terræ: et ecce festinus velociter veniet.*

devait être le centre du culte de Marie en Occident. »

Oui! la France devait être, par prédestination, le royaume de Marie.

Elle n'a pas cessé de l'être dans tout le cours de son histoire.

Dans l'office de la bienheureuse Vierge, nous lisons ces paroles que l'Église lui attribue : « Je suis sortie de la bouche du Très-Haut, et je suis née avant toute créature. J'habite au plus haut des cieux, et seule j'en ai fait tout le tour. J'ai posé mes pieds sur toute la terre, j'ai occupé la première place dans toutes les nations, et je me suis soumis les cœurs de tout ce qu'il y a de plus grand comme de plus humble, et j'ai jeté mes racines chez le peuple que Dieu a honoré, et j'ai établi mon séjour dans la cité que Dieu a sanctifiée (1). »

(1) *Eccli.*, XXIV, 5-16.

Sans appliquer textuellement ces derniers mots à la France et à Chartres, le cœur de la vieille Gaule, nous dirons avec Mgr l'évêque de Poitiers, que Marie n'a plongé ses racines dans aucun sol plus avant que dans le sol français; qu'elle n'a fixé sa demeure terrestre dans aucune ville avec plus de prédilection que dans la ville de Chartres. Un poète national le chantait, il y a plus de six cents ans, à la cour de Philippe-Auguste et de Louis le Chaste : « La Vierge, Mère de Dieu, a révélé, et par ses paroles et par les effets, qu'elle aimait Chartres de préférence à toutes les cités (1). »

« Quoi qu'il en soit, conclut Mgr Pie, depuis les premiers jours du Christianisme jusqu'à la fin du dernier siècle, la *Nostre Dame de Soubs-terre* (dans la crypte de Notre-Dame de Chartres), *a été le plus*

(1) Guill. Brito, *Philippid.*, l. 2, Ap., *Histor. de Fr.*, t. XVII, p. 141.

célèbre sanctuaire européen de Marie; et cette longue suite de papes, de rois, de saints, de pontifes, de princes, de pèlerins de tout âge, de tout sexe, de toute condition, que nous verrons affluer à Chartres, s'en iront toujours, avant toutes choses, se prosterner sur le pavé de la sainte grotte. »

Le culte de Marie, introduit en France avant la venue des Francs eux-mêmes, s'y est naturalisé.

Que l'on déroule les annales de nos églises et l'histoire de nos provinces, que l'on considère surtout les monuments des arts, on verra que, depuis quatorze cents ans, la France n'a jamais cessé d'ajouter quelque nouveau fleuron au diadème de Marie.

La divine Vierge a poursuivi sa marche triomphale à travers les siècles sur le sol de notre patrie. Des sanctuaires s'élevèrent sur tous les points de la France sous l'invocation de Marie : *ce fut la forme qu'affecta plus particulièrement l'introduction du Christianisme chez nous*. Bien avant Charlemagne, ce culte était déjà arrivé à une richesse et à une ampleur qu'on a pu admirer dans les liturgies Franque et Gallicane, que ce grand chrétien sacrifia à l'unité de la liturgie romaine dans son vaste empire.

Quand parurent les Normands, ils se virent arrêtés par une résistance qui s'appuyait sur la protection de Marie ; et, pour triompher de cette céleste protection, ils durent s'y soumettre : ils ne devinrent enfants de la France qu'en devenant enfants de Marie ; et ils apportèrent dans ce culte, déjà si national, toute l'ardeur aventureuse de leur caractère, toute la naïve passion de leur âme étrangère à tout autre joug.

Ce fut là un des éléments les plus expansifs et les plus féconds de cet apostolat chevaleresque et religieux qui devait caractériser la France, et qui marquait toutes ses entreprises et ses conquêtes du sceau de *Ma Dame sainte Marie*, comme de la suzeraine à la gloire de qui on les consacrait (1). — Nous avons été façonnés à vaincre et à civiliser, l'Evangile dans une main, l'image de Marie dans l'autre (2).

Pourrions-nous oublier que c'est au pied d'un autel dédié à Marie que fut découverte, comme par miracle, l'épée de Jeanne d'Arc qui sauva notre France, et que l'étendard de l'immortelle martyre de notre grandeur nationale ne montra jamais aux Anglais déconcertés et vaincus que l'image de la Vierge Marie ?

O mère de Jésus, vous n'êtes pas seulement *brillante comme le lever de l'aurore, belle comme l'astre des nuits, choisie*

(1) Aug. Nicolas. *La Vierge Marie et le plan divin*, t. 4.

(2) Card. Donnet, archev. de Bordeaux, 11 sept. 1860.

comme le soleil; mais encore *terrible comme une armée rangée en bataille, terribilis ut castrorum ordinata* (1) !

La dévotion à Marie sema le sol français de riches sanctuaires, de splendides basiliques, qui semblaient y germer de la foi des peuples, comme une luxuriante végétation sur une terre prédestinée. O Notre-Dame de Paris, ô Notre-Dame des Victoires, ô Notre-Dame de la Garde, ô Notre-Dame de Fourvière, ô Notre-Dame de France, ô Notre-Dame de Chartres, ô Notre-Dame de la Salette, ô Notre-Dame de Lourdes, vous êtes le gage de l'amour national de la France à Marie ! Que de Français sont venus à vos pieds retremper la foi, l'espérance et l'amour qui s'éteignaient dans leur pauvre cœur !... Vous êtes la prière de la France à la Vierge Immaculée, intercédez auprès de

(1) *Cantic. Canticor.*, VI, 9.

cette puissante souveraine en faveur d'un peuple qui aime à l'appeler sa Reine et sa Mère, afin que par Elle il conserve toujours, malgré les efforts tentés pour les lui ravir, la foi vive, l'espérance inébranlable et l'amour généreux pour son Dieu !

Le culte de la divine Vierge est le culte inspirateur et vital de tous les ordres religieux. « Or il est extrêmement remarquable que ce soit la France qui, non-seulement ait produit le plus d'inspirations de ce genre, mais que ce soit en France qu'aient été appelés à les réaliser ceux qui les recevaient ailleurs, tels que saint Bruno, saint Norbert, saint Dominique, saint Ignace, qui vinrent d'Allemagne ou d'Espagne fonder en France leurs admirables institutions, comme dans le pays où l'influence de Marie leur était le plus favorable; tels encore l'ordre du Carmel, dont le germe apporté d'Orient par saint Louis ne se développa qu'en France, et l'ordre séraphique de saint François lui-même, dont le nom rattache encore à la France l'institution (1). »

Les foyers de science, qui devancèrent en France ceux qui s'allumèrent dans les autres parties de l'Europe, furent une institution tout imprégnée de la dévotion à la Vierge : nos antiques *Universités* marchaient sous la bannière de Marie, et plaçaient en tête de leurs engagements, celui de défendre ses priviléges. Marie fut en France la *Mère du Verbe* enseignant, et sa *Conception Immaculée* fut la thèse nationale par excellence, la thèse française, au triomphe de laquelle, depuis Albert-le-Grand jusqu'à Bossuet, n'ont cessé de se vouer toutes les générations de ses docteurs.

La France, par la profondeur et l'éléva-

(1) Aug. Nicolas. *Ibid.*

tion du génie chrétien de ses enfants, ne semblait-elle pas, à travers le présent, entrevoir et déjà saluer l'avenir? Vienne maintenant le jour appelé par les soupirs du cœur de notre Mère!...

Quand Pie IX, doué par l'assistance divine promise à Pierre de l'infaillibilité dont le divin Rédempteur a voulu que son Église fût pourvue en définissant une doctrine sur la foi ou sur les mœurs; quand, dis-je, Pie IX, parlant *ex cathedra*, et remplissant sa charge de Pasteur et de Docteur de tous les chrétiens, en vertu de sa suprême autorité apostolique, a défini que Marie a été conçue sans la tache du péché originel et que la doctrine de l'Immaculée-Conception doit être tenue par l'Église universelle, — proclamant ainsi, non une nouvelle vérité, mais un dogme nouveau, c'est-à-dire une vérité ancienne contenue dans le dépôt de la tradition et qu'il n'est plus permis désormais de rejeter sans être anathème : à cette heure à jamais solennelle, il y eut, dans la catholicité, un pressentiment de triomphe. Toute tête s'inclina; des acclamations s'élevèrent de l'Orient à l'Occident; des feux de joie brillèrent dans les chaumières et dans les palais, sur la terre et sur la mer, au fond des ravins et sur les montagnes. Dans ce tressaillement de la catholicité, la France qui, la première entre les nations occidentales, eut l'insigne mérite de rendre un culte public à la Conception immaculée, éclata en chants d'allégresse : *elle vit dans ce dogme de notre foi un signe d'espérance!*

Depuis, de terribles événements ont secoué les peuples, et le monde penche sur d'effroyables abîmes.

A cette heure de trouble, d'incertitude, de lugubre prévision, quand ceux que le monde appelle des génies reçoivent tous les jours les plus cruels démentis, la France, la vraie France! envahit les sanctuaires de la divine Vierge et crie aux timides et aux désespérés :

Pourquoi craignez-vous, hommes de peu de foi ?

Ce n'est pas en vain que le Pontife de Dieu a levé les yeux « vers les montagnes d'où viendra le secours! » Marie sauvera la France!

Comment le royaume de Marie n'espérerait-il pas en cette Toute-Puissance suppliante?

Rien, pas même l'hérésie, pas même la Révolution, n'a pu affaiblir la vitalité du lien qui unit la France à Marie.

Le Protestantisme s'est levé, armé tout particulièrement contre le culte de la Mère de Jésus. Il est entré chez nous par toutes les portes; il y a organisé des forces rivales et supérieures quelquefois à celles de l'Etat; il a livré les clefs du royaume à l'étranger appelé à son aide; partout, dans la magistrature, dans l'armée, dans la politique, à la cour, il a occupé des postes éminents : deux siècles durant, au cœur de notre patrie, il a tenu en suspens les destins religieux du monde.

Il a été vaincu par la seule force du tempérament français éminemment catholique : la nation, fière de défendre et de venger le culte outragé de la sainte Vierge, se ligua contre l'hérésie : Marie a sauvé la France, et, par la France, l'Europe et le monde.

L'hérésie vaincue sans retour, c'était pour Marie, dont elle avait particulièrement combattu le culte, le moment d'être proclamée patronne et reine de la France.

Heure de gloire et d'indicible joie pour notre patrie! Louis XIII, le juste et chaste

Louis XIII accomplit cet acte à jamais mémorable.

Entouré d'un éclat royal, il se rend à Notre-Dame de Chartres. Il s'avance sous ces voûtes séculaires, témoins de tant de prodiges; puis, il descend à la crypte souterraine, et là, s'agenouillant au pied de l'autel, devant le trône de la Vierge, où il a déposé sa couronne, il s'écrie :

« Moi, Louis, XIIIe de nom, par la grâce » de Dieu, roi de France et de Navarre, je » vous consacre, ô très-sainte Vierge » Marie, mère de Dieu et notre mère, ma » personne, ma famille et mon royaume. » J'entends que vous régniez sur nous. Je » veux que cet hommage soit éternel. » J'ordonne que mon peuple en renouvelle » chaque année la mémoire, par une solen- » nité publique, dans les villes et les cam- » pagnes, en la fête de votre glorieuse » Assomption. »

Le canon des batailles mêla sa grande voix aux acclamations populaires, tandis qu'un édit souverain immatriculait, pour la postérité la plus reculée, cet acte sublime de piété nationale.

Après l'hérésie vint la Révolution. La France dut traverser d'épouvantables crises et subir d'horribles profanations : que de sang répandu! que de ruines entassées!... L'amour filial des Français pour leur céleste Souveraine ne s'éteignit jamais. Un exemple entre mille :

En 1831, lors du sac de l'église de Saint-Germain l'Auxerrois, autels, chapelles, chaire, confessionnaux, tombeaux, tout fut brisé, arraché; les dalles mêmes furent enlevées, cassées. Rien n'était sacré pour l'aveugle fureur des *Vandales*. Pourtant, admirable instinct catholique du caractère français! il ne fut pas fait la plus petite offense à la chapelle de la sainte Vierge! Pas une fleur ne fut dérangée; les voiles, les draperies qui la revêtaient furent trouvés intacts.

Notre patrie bien-aimée se montre toujours le royaume de Marie, comme elle se retrouve toujours la France.

II

MARIE

A L'HEURE PRÉSENTE, PAR SES APPARITIONS, SES PRIÈRES ET SES LARMES, RAPPELLE LA FRANCE A JÉSUS.

Non, elle ne périra pas cette patrie si chère, cette France de Clovis et de Clotilde, née d'un acte de foi sur un champ de bataille ! cette France de Charlemagne et de saint Louis ! cette France de Louis XIII, qui a choisi Marie pour patronne et pour Reine !...

Elle saura bien la sauver, Celle qui trois

fois en vingt-cinq ans, à la Salette, à Lourdes et à Pontmain, est venue toucher notre sol de ses pieds sacrés.

Spes nostra, salve!

L'espérance! oh! nous la trouvons sur les lèvres de l'immortel Pie IX.

« Si, comme l'atteste l'histoire de la fin du dernier siècle, la France alors s'éloigna ouvertement de Dieu, et, par la propagation des erreurs nouvelles, non-seulement entretint chez elle cette séparation, mais égara aussi les autres nations, il fallait assurément que celle qui avait levé l'étendard de la rébellion donnât aux autres l'exemple du repentir, et s'efforçât, par un éclatant et courageux retour vers Dieu, de rétablir dans son sein et au dehors les fondements de l'ordre qu'elle avait ébranlés. C'est pourquoi *Nous avons conçu de bonnes espérances de salut, quand Nous avons vu la prière se diriger si souvent et de toutes parts vers les sanctuaires de la Vierge....* » (1).

L'espérance ! nos pèlerinages nous la donnent :

Les pèlerinages, c'est la résurrection.

Ce calme imposant de la foi, ce silence des âmes recueillies en elles-mêmes, cette vaste communion d'esprits qui se nourrissent d'une même croyance, ce frémissement de la prière qui court sur les lèvres et monte vers Marie la toute-puissance suppliante, ces effluves de la charité qui s'échappent de tous les cœurs, ce sentiment de la divinité qui tient les multitudes immobiles dans le sentiment du respect, cette force invisible et souveraine qui, planant sur nos têtes, les courbe devant la Majesté du Très-Haut; tout cela saisit les âmes, remue les consciences, affermit les esprits troublés, soutient les volontés chancelantes, *rapproche les enfants d'une même patrie, unit*

(1) Bref de Sa Sainteté Pie IX, à l'archevêque de Paris, 31 juillet 1873.

les fils d'une même Église et les dispose à mieux comprendre leur vocation, leurs devoirs, leurs immortelles destinées.

L'espérance! oh! elle s'épanouit pour nous sur les lèvres de Marie elle-même.

Marie a daigné abaisser ses regards pleins de miséricorde sur la France! Elle a pleuré sur nous! Elle nous a parlé!

O France, baise avec un religieux respect la trace des pas de ta Souveraine! recueille ses larmes avec amour! Mets à profit sa parole maternelle!

La Révolution venait de dresser son trône fastueux dans Paris. A Paris même, dans le courant du mois de septembre 1830, apparaît à une jeune sœur du noviciat des Filles de la Charité de Saint-Vincent de Paul, la MÉDAILLE MIRACULEUSE.

Cette novice « avait vu, raconte l'historien

officiel du prodige, pendant l'oraison, un tableau représentant la Sainte-Vierge, telle qu'on la dépeint communément sous le titre d'Immaculée, en pied, revêtue d'une robe blanche et d'un manteau de couleur bleu argenté, avec un voile aurore, les bras entr'ouverts et étendus vers la terre. Ses mains étaient chargées de diamants d'où s'échappaient, comme par faisceaux, des rayons d'un éclat ravissant, qui se dirigeaient sur le globe, et avec plus d'abondance sur un certain point. Elle entendit en même temps une voix qui lui disait : *Ces rayons sont le symbole des grâces que Marie obtient aux hommes;* ET LE POINT DU GLOBE SUR LEQUEL ILS DÉCOULENT LE PLUS ABONDAMMENT, C'EST LA FRANCE. Autour du tableau elle lut l'invocation suivante, écrite en caractères d'or : *O Marie! conçue sans péché, priez pour nous, qui avons recours à vous!* Quelques moments après, le tableau se retourna, et sur le revers, elle vit la lettre M, surmontée d'une petite croix, et au-dessous les saints Cœurs de Jésus et de Marie. L'ayant considéré attentivement, la novice entendit de nouveau la même voix qui lui ajouta : *Il faut faire frapper une médaille sur ce modèle, et les personnes qui la porteront indulgenciée, et qui feront avec piété cette courte prière, jouiront d'une protection spéciale de la Mère de Dieu* (1). »

La Médaille miraculeuse fut pour le monde entier, mais plus spécialement pour la France, un touchant appel de Marie à tant d'âmes tièdes ou complètement infidèles de notre siècle. Oh ! comme cette bonne Mère aime notre bien-aimé pays! *Terrible comme une armée rangée en bataille*, Elle veut

(1) *Notice sur l'origine et les effets de la Médaille miraculeuse*, par M***, prêtre de la Congrégation de la Mission de Saint-Lazare.

rallier à sa virginale bannière les multitudes languissantes, qui se traînent au lieu de voler au combat, tant l'isolement les rend faibles. Elle veut qu'elles s'aident mutuellement par la prière, qu'elles serrent leurs rangs, et qu'ainsi devenues invincibles, elles marchent à l'ennemi.

Admirable sollicitude de Marie! qui ouvre à tous le sein de sa miséricorde, afin que « tous reçoivent de sa plénitude : le captif, la rançon ; le malade, la santé ; le cœur triste, la consolation ; le pécheur, le pardon ; le juste, la grâce ; l'ange, la joie [1] ; » la France, le triomphe et le salut !...

Pour nous déterminer à porter sa médaille et achever de nous enrôler dans la noble croisade de la prière, la Vierge immaculée

(1) S. Bernard.

multiplie les prodiges. Qui dira la diffusion merveilleuse de la Médaille miraculeuse depuis plus de quarante ans?

Comment énumérer les conversions, les miracles de tout genre opérés sous cette égide de la Reine conçue sans péché? Presque innombrables sont les confréries rangées autour de l'archiconfrérie de Notre-Dame des Victoires, avec la Médaille miraculeuse comme signe de ralliement et de triomphe.

Pourquoi Marie opère-t-elle chez nous tant de merveilles?

— Afin de nous manifester son amour de prédilection pour son Royaume, la France, et son ardent désir de la voir revenir à Jésus.

Marie veut sauver la France!

Et nous?...........

Aurions-nous oublié que « tout l'amour qu'on a pour soi-même, pour sa famille et pour ses amis, se réunit dans l'amour qu'on a pour sa patrie (1) ? »

Plus ce dernier et saint amour sera généreux, plus les autres intérêts qui nous sont chers seront eux-mêmes protégés.

Mettons une part de notre religion à le faire sans cesse grandir. Dieu travaille, par des miracles de miséricorde, à relever notre France; travaillons à la relever nous-mêmes par des prodiges de dévouement et de vertu.

Marie nous engage à tendre vers Elle des bras suppliants.

Oh! pour la France prions, prions la Vierge immaculée!

O Marie conçue sans péché, priez pour

(1) Bossuet, *Politique tirée de l'Écriture,* liv. I, art. VI, page 1.

nous qui avons recours à Vous! Sauvez la France!...

Sous la main puissante de la Mère du Sauveur, les prodiges se multipliaient pour ranimer en nous la foi, l'espérance et l'amour, qui embaument notre vie du temps et préparent la vie de l'éternité.

Pourtant, chez nous, avec les principes, les mœurs tendaient à disparaître; la jeunesse, espoir de l'avenir, respirait un air imprégné de sophismes; le foyer domestique était troublé, le berceau des petits enfants menacé : Dieu était oublié, blasphémé, le Christ-Roi renié, amoindri, provoqué, chassé!..........

Marie, la Reine de la France, abaissa de nouveau sur nous son regard miséricordieux et *se montra notre Mère.*

« Quand une mère a épuisé, pour ramener un fils coupable, les conseils, les avertissements, les reproches, et qu'en apparence elle ne peut plus rien, il lui reste encore une puissance, la plus grande de toutes : il lui reste ses larmes. Qu'elle prie, qu'elle pleure, qu'elle aille chercher, dans ces replis secrets où l'âme de la mère et l'âme de la chrétienne se touchent, une certaine larme que Dieu a faite exprès : voilà l'enfant sauvé (1) ! »

Telle fut Marie à la Salette.

La Salette ! le calvaire de Marie, voit se dérouler les mystères douloureux. A travers les larmes brûlantes de sa Mère, la France lit une parole de vie : ESPÈRE !........

Recueillons d'abord sur les lèvres d'un

(1) M. l'abbé Bougaud, *Histoire de sainte Monique*, 3e édit. Introduction.

éloquent prélat la transformation merveilleuse de la Salette.

« Il y a un quart de siècle, ces montagnes n'avaient d'autres splendeurs que celles que Dieu leur imprima dès l'origine des âges. Pas d'autre bruit que celui de la tempête n'en éveillait les échos; aucun pied humain ne laissait sur ces hautes cimes son empreinte; à peine un petit pâtre foulait quelquefois, insoucieux, leurs neiges immaculées et leurs mousses verdoyantes. C'était le désert, avec son austère grandeur, son silence religieux, ses horizons magnifiques, et le nom des pics de la Salette était un de ces noms obscurs, répété peut-être au fond de ces vallons par quelques bouches naïves, mais inconnues même du voyageur attiré par les splendeurs de nos Alpes.

» Vingt-cinq ans se sont écoulés et je ne sais quelle vie est venue animer ces solitudes. Une élégante basilique a jeté vers le ciel deux tours grandioses rivalisant de majesté avec les rochers qui les entourent. La piété catholique a enrichi cette basilique de ses trésors; la voix puissante de la cloche a mêlé à celle de la foudre son imposante harmonie. Des quatre vents de l'espace, des pèlerins, parlant toutes les langues, se sont dirigés vers ces sublimes hauteurs. La jeune fille délicate n'a pas reculé devant les fatigues de la route; le malade lui-même a trouvé pour la parcourir une force inconnue; des chants harmonieux ont éveillé jour et nuit l'écho de la montagne; de saintes prières montant comme des soupirs l'ont enveloppée d'une atmosphère bénie; des larmes de joie, de douleur ou de repentir se sont mêlées à l'eau miraculeuse de ses fontaines, et, à l'heure où je parle, dans les régions civilisées de l'Europe, dans les plaines immenses de l'Asie, dans les déserts de l'Afrique, dans les forêts de l'Amérique, sur les plateaux de l'Océanie, il n'est pas un lieu assez solitaire pour que le nom de la Salette n'y éveille dans une poitrine chrétienne un indicible frémissement. Comment expliquer cette transformation merveilleuse (1)? »

Le 19 septembre 1846, samedi des Quatre-Temps, la veille de la fête de Notre-Dame des Sept-Douleurs, à l'heure où l'Eglise chante : *O quàm tristis et afflicta Fuit illa benedicta Mater unigeniti!* OH! QU'ELLE EST TRISTE ET DÉSOLÉE, LA MÈRE BÉNIE DU FILS UNIQUE DE DIEU! Marie se laisse voir à deux enfants de la montagne. Elle est environnée de gloire, mais dans l'attitude d'une profonde tristesse. Un crucifix orné des insignes douloureux de la passion brille sur sa poitrine.

(1) Mgr Paulinier, évêque de Grenoble. *Discours* du 19 septembre 1871.

Elle est assise sur un rocher, les pieds dans le lit desséché de la fontaine intermittente, les coudes appuyés sur ses genoux et la tête dans ses mains. Puis elle écarte les mains et son visage paraît baigné de larmes. Ces larmes brillantes ne tombent pas à terre, elles disparaissent comme des étincelles de feu. Larmes éloquentes!...

Soudain Marie se lève, croise les mains et d'une voix toute céleste : *Avancez, mes enfants, ne craignez pas; venez, je suis ici pour vous annoncer une grande nouvelle.*

Elle s'avance vers la fontaine. Là, à la place même où s'élève aujourd'hui le groupe de l'apparition, la divine Messagère, versant toujours des larmes, prononça ce discours qui, répété par les bergers comme celui de l'ange par les bergers de Bethléem, a retenti jusqu'aux extrémités les plus reculées de la terre : SI MON PEUPLE NE VEUT PAS SE

SOUMETTRE, JE SUIS FORCÉE DE LAISSER ALLER LE BRAS DE MON FILS; IL EST SI LOURD ET SI PESANT QUE JE NE PUIS LE RETENIR! Et, expliquant la cause de cette colère, elle reproche à son peuple ingrat la profanation sacrilége du repos du septième jour, la désertion par les hommes du sacrifice de la messe, les blasphèmes contre le nom adorable de Dieu et l'oubli presque complet des saintes lois de la mortification chrétienne.

Elle dénonce les fléaux qui sont prêts à descendre sur le monde, si une conversion sincère ne vient pas les détourner.

Après avoir répété aux bergers de faire passer à tout son peuple ce qu'elle leur a dit, Marie s'élève par la même puissance qui sur une autre montagne fit monter son fils Jésus au ciel, les yeux tournés vers Rome comme pour pleurer sur ses calamités prochaines et la couvrir de son amour, et elle s'évanouit aux regards des deux enfants de la montagne, laissant après elle un large sillon de lumière.

Heureux qui a pu gravir les sentiers escarpés de la Montagne sainte! O délices! l'âme s'épanouit sous les regards de Marie!... En vérité, là, dans votre cœur, quelque chose vous avertit de la présence de Jésus au milieu des chrétiens en prière!... Quelque chose vous dit que le ciel intercède pour la terre!

Quand, à dix heures de la nuit, après le chant de la strophe *O Crux, ave!* les pèlerins commencent l'exercice du chemin de la Croix, quel spectacle! Tous, un cierge à la main, se dirigent en bon ordre vers les stations de la *voie douloureuse.* Le plateau s'inonde de lumière, sous la voûte du firmament où scintillent les étoiles dans l'azur sans tache: on se demande si là-haut, sur les cimes gigantesques des monts, les brillants séraphins ne sont point agenouillés pour joindre les adorations du ciel aux adorations de la terre...

Sur la sainte Montagne, l'homme prie entre la terre coupable et le ciel irrité, mais toujours miséricordieux.

O puissance des larmes de Marie!......

Agneau de Dieu, qui effacez les péchés du monde, épargnez-nous!

Marie réconciliatrice, priez pour nous!

Les menaces de Notre-Dame de la Salette se sont accomplies, comme s'accomplissent en ce moment les plans de miséricorde de Notre-Dame de Lourdes. O France, lève les yeux vers la montagne d'où t'est annoncé le secours! Tes enfants, à genoux devant la Grotte de l'apparition, ont prié pour toi. O France! lorsqu'on a prié, on sent son cœur plus léger et son âme plus contente. « Sans la prière, notre vie n'est qu'horreur et embûches, un abîme sombre, un désert sans issue, un son sans écho, une nuit sans étoiles. »

Une nation qui ne prie pas est un corps sans âme.

Ah! si les peuples voulaient comprendre la puissance sociale de la prière!... Les patriotes du temps et de l'éternité, comme l'a dit un grand homme, sont les catholiques : Religion et Patrie ne font qu'un dans leur cœur. O France, prie! et tu seras sauvée.

Nous ne voulons pas raconter en détail les dix-huit apparitions de la Vierge Immaculée, du 11 février au 16 juillet 1858, à Bernadette Soubirous, dans la grotte de Lourdes. Quelques mots suffiront à notre but. En les parcourant, le lecteur sentira que Marie, après avoir versé des larmes à la Salette sur notre pays coupable, est venue à Lourdes pour ranimer notre foi par des miracles sans nombre, et faire prier la France qui oublie, pour son malheur, ses antiques traditions.

« Il n'y a de hasard, dit Bossuet, que pour notre ignorance. »

Dieu choisit son jour, son heure, son lieu. Il a jeté les yeux sur Lourdes pour y faire éclater les merveilles de sa puissance et de sa grâce, par Marie.

Lourdes, dans un des plus beaux pays de la terre, sous un ciel dont la chaleur, la lumière et l'azur, rappellent le ciel d'Italie, petite ville de cinq mille âmes, était à peine connue il y a quinze ans : à l'heure présente, toutes les lèvres prononcent son nom.

Le 11 février 1858, trois petites filles pauvres suivaient les bords du Gave, à peu de distance de la ville, cherchant des débris de bois abandonnés sur la rive. Arrivées en face d'une roche creuse, où les grandes eaux avaient amoncelé du sable, les deux plus agiles s'élancèrent dans l'excavation pour compléter leur fagot. Elles butinaient parmi des jeux et des rires, quand tout à coup elles s'aperçurent que leur compagne plus faible, Bernadette Soubirous, comme fascinée et ravie, regardait au-dessus d'elles et à genoux priait.

Dans une niche rustique formée par le rocher, au haut de la grotte Massabielle, une Dame était apparue, souriante et douce, d'une beauté admirable et toute resplendissante de lumière. Le bruit d'un grand vent avait précédé l'Apparition mystérieuse. Sa robe longue et traînante, la robe aux chastes plis, laissait ressortir les pieds qui reposaient sur le roc et foulaient légèrement la branche d'un églantier. Ni bagues, ni collier, ni joyaux, ni diadème : rien qu'un chapelet dont les grains glissaient entre ses doigts.

Elle gardait le silence. La petite fille, sentant d'instinct que c'était quelqu'un du ciel, récitait son chapelet. Mais voilà que la Vierge lumineuse disparut. L'enfant se releva et son sourire avait quelque chose d'angélique.

Le jeudi, 18 février, dans une troisième apparition, la Dame demanda à Bernadette de *revenir pendant quinze jours*.

La mère de Dieu (car c'était Elle) allait révéler, par le ministère de l'enfant, quels desseins miséricordieux la faisaient descendre à la Grotte. Le premier dimanche de Carême, 21 février, laissant tomber une larme : VOUS PRIEREZ POUR LES PÉCHEURS, dit-elle à Bernadette, VOUS BAISEREZ LA TERRE POUR LA CONVERSION DES PÉCHEURS.

Le lendemain, afin d'éprouver son enfant, Marie n'apparut point. Mais le mardi, 23 février, fut un jour extraordinaire. Bernadette reçut la confidence d'un secret qui ne concernait qu'elle seule. Dans la suite, deux autres secrets lui furent également confiés.

Le même jour, la jeune prédestinée entendit cette parole : *Allez dire aux prêtres qu'il doit se bâtir ici une chapelle, et qu'on doit y venir en procession.* Jamais reine ne fut mieux obéie. Une splendide église est bâtie. Les pèlerins y accourent par multitudes.

Le mercredi 24, Bernadette priant, baisant la terre et gravissant à genoux la pente de la Grotte, disait :

PÉNITENCE, PÉNITENCE, PÉNITENCE!

Cette parole qu'elle redit plusieurs fois en ce jour èt les jours suivants, elle l'avait entendue de la boucho de Marie.

Le jeudi 25, la Dame dit à Bernadette : *Allez boire et vous laver à la fontaine, et mangez de l'herbe qui pousse à côté.*

L'enfant qui n'avait point remarqué de

fontaine, se disposait à s'approcher du Gave. Mais, docile à un signe de la Vierge, elle se rend au fond de la grotte, se baisse, se met à gratter la terre. Soudain une onde mystérieuse se montre!... Elle fournit, comme chacun peut le vérifier, 85 litres par minute, 5,100 par heure : c'est-à-dire, par jour, *cent vingt-deux mille quatre cents litres.*

La fontaine n'a cessé de couler depuis, source intarissable de guérisons, de faveurs spirituelles et corporelles.

Marie n'avait pas encore dit son nom. Le jeudi, 25 mars, fête de l'Annonciation et de l'Incarnation du Verbe, pendant que l'Église lui disait avec l'Ange et la pieuse enfant : *Je vous salue, pleine de grâce,* la Vierge élevant vers le ciel ses mains et son regard, prononça cette parole :

JE SUIS L'IMMACULÉE CONCEPTION.

Depuis la parole de Marie, que de pèlerinages a vus le sanctuaire de la Grotte, préparé, semble-t-il, par Dieu lui-même pour recevoir les pèlerins qui devaient y accourir par milliers. Temple immense, dont la voûte est le ciel bleu; les murailles, de vastes collines et l'horizon infini; la décoration, des arbres et des fleurs; l'orgue puissant et doux, le murmure de la fontaine miraculeuse, l'oiseau qui chante, le vent qui soupire, et la voix solennelle du Gave qui jette en passant la prière « des grandes eaux bénissant le Seigneur. »

Admirable sollicitude de Marie pour notre patrie bien-aimée!

La France ne priait plus! Signe de mort pour une nation catholique. La Vierge immaculée la convie à son sanctuaire. La piété a besoin d'être aidée par les sens. L'homme demande quelque chose qui parle à ses yeux, à ses oreilles, et par-là à son cœur; il a besoin de spectacles qui l'arrachent à lui-même, qui le remuent, qui l'entraînent, qui lui font oublier les misères des temps et de la vie, qui l'élèvent vers Dieu.

Les pèlerinages sont un de ces beaux spectacles.

Avez-vous jamais vu ces longues files d'hommes qui prient et chantent? Une seule pensée les anime : apaiser la justice de Dieu, implorer la miséricorde sur la terre coupable, offrir une réparation publique pour des crimes publics. Arrière le respect humain! Chacun marche, le visage découvert, un chapelet à la main : c'est au grand jour, et les bannières déployées.

Non, Seigneur, la foi n'est pas morte chez nous, et « votre règne arrive! »

O Marie, que d'actions de grâce vous doit la France pour ce réveil qui se fait sous votre puissante et maternelle impulsion!...

Les pèlerinages rapprochent les fidèles,

leur permettent de se compter, de se déclarer, de s'unir, de donner de grands exemples : la France a besoin de tout cela.

Ils sont un moyen d'attirer ceux qui hésitent, de ranimer les faibles, de fortifier la foi et l'ardeur de tous : ô France !...

A certaines heures difficiles, les pèlerinages deviennent d'énergiques, mais paisibles protestations contre l'injustice, l'impiété et la tyrannie. Tôt ou tard la protestation appellera la justice.

Vous avez entendu les ennemis du Christ et de la France crier que les pèlerinages naquirent dans des siècles d'ignorance.

Ils ne savent pas, ces faux savants, qu'il y a toujours eu des pèlerinages dans l'Église : dès le commencement, les fidèles ont visité les Saints-Lieux où s'accomplirent les mystères de la Rédemption.

Ils ignorent que le catholicisme a vu le

jour au milieu de la science, dans le siècle d'Auguste; et que les grands génies dans toutes les connaissances humaines sont des génies catholiques.

Les pèlerinages sont un retour aux antiques traditions de notre foi : c'est la résurrection !

O France, n'oublie pas l'appel de Marie, montre-toi son enfant!

O Marie, continuez votre œuvre de régénération !

Le mal de notre temps est l'orgueil, a dit un illustre archevêque [1]. En effet, l'homme, exalté par tout le progrès matériel du siècle, ne veut plus voir que sa raison propre : rien en dehors d'elle, rien en dehors de la nature, point de surnaturel! C'est le pur anti-christianisme; c'est « le panthéon de l'erreur, » selon l'expression de

(1) Mgr Dechamps.

Mgr l'évêque de Poitiers; c'est l'erreur totale opposée à la vérité totale. L'indépendance de la raison, ou la libre-pensée, a produit l'indépendance de la volonté, ou la libre-morale appelée aussi la morale indépendante. De l'insubordination envers Dieu est née l'insubordination envers l'homme: les sceptres tombent, les trônes s'abîment, les institutions s'écroulent, la révolution est en permanence.

A l'heure où l'humanité a un tel besoin de Dieu, des esprits superbes se demandent s'il est bien vrai que Dieu existe. Il n'y a pas de Dieu, *non est Deus!* disent un grand nombre. D'autres, tout en admettant l'existence d'un Être suprême, veulent enchaîner Dieu dans son éternité muette. Dieu doit venir prendre ses ordres chez eux; ils lui interdisent d'exercer quoi que ce soit *au-dessus* de notre raison et de notre nature; ils déclarent tout simplement que les miracles sont impossibles; ils ne laissent rien à Dieu qui le distingue de nous; ils l'abaissent à notre niveau et nient le surnaturel.

Hélas! la France n'a pas été déshéritée de ces coryphées de l'outrageante négation.

Marie, comme une tendre Mère, a sondé le mal qui allait envahir et gangrener les membres de son enfant de prédilection. Voyant le danger suprême des âmes et de la société en présence de l'orgueil humain en révolte, elle a multiplié parmi nous les *faits* surnaturels; les miracles et les apparitions. Comment nier ces *faits?* Comment les expliquer par la *seule raison* et par la *seule nature?*

En présence des merveilles de Lourdes, opérées devant des milliers de témoins, il faut bien que le monde s'écrie, comme la Sibylle ancienne : Dieu! voilà Dieu! *Deus! Ecce Deus!*

Devant la question de la possibilité des miracles, J.-J. Rousseau a dit : « Cette question serait impie, si elle n'était absurde. Ce serait faire trop d'honneur à celui qui la résoudrait négativement que de le punir. Il suffirait de l'enfermer. Mais aussi, quel homme a jamais nié que Dieu pût faire des miracles? »

Eh bien! en notre siècle de lumière, il s'est trouvé des hommes pour nier cette évidence.

Que Notre-Dame de Lourdes sauve ces pauvres égarés et continue, par la vertu de Dieu, à faire des miracles pour les convertir et préserver la France de l'erreur!

La conversion des pécheurs n'est-elle pas le but principal des Apparitions dansla grotte de Massabielle? Ce but, Marie l'obtiendra. N'est-elle pas là haut « la Toute-Puissance à genoux. » Dieu pourrait-il lui refuser quelque chose, quand s'approchant du trône éternel, Elle dit :

JE SUIS L'IMMACULÉE-CONCEPTION.

Mais n'oublions pas que notre Mère nous a dit :

Pénitence! Pénitence! Pénitence!

Il ne suffit pas de tendre vers Marie des mains suppliantes : il faut mettre la main à l'œuvre de notre sanctification. Pour cela, nous dit la Vierge immaculée : Pénitence !... Oui, pénitence :

« L'innocence est une goutte d'eau dans le monde, le repentir est l'océan qui l'enveloppe et qui le sauve (1). »

La source miraculeuse qui jaillit du rocher de Lourdes, et qui a opéré tant de prodiges, est le symbole vivant de la *rénovation morale* de la France et du monde, l'objet

(1) Lacordaire. *Sainte Marie-Madeleine*, p. 237.

de tous les désirs de la Vierge Immaculée. Oh ! ne fermons pas l'oreille à la voix de Marie ! Travaillons au salut de notre patrie, en nous appliquant chaque jour à la réforme et à la sanctification de notre propre cœur. Ne soyons pas de ces âmes tièdes qui ne songent ni à elles-mêmes ni aux autres !

En union à Notre-Dame de Lourdes, pour la France, ayons la PASSION DU BIEN !

Saint Remi, s'adressant à Clovis, la veille du baptême de ce prince, lui tenait ce noble et prophétique langage : « Apprenez, mon fils, que votre royaume est prédestiné de Dieu à la défense de l'Église romaine, qui est la seule véritable Église du Christ. Ce royaume sera un jour grand entre tous les royaumes de la terre. Il embrassera les limites de l'empire romain et soumettra tous les autres royaumes à son sceptre. Il durera jusqu'à la fin des temps; il sera victorieux et prospère tant qu'il restera fidèle à la foi romaine et ne commettra pas un de ces crimes qui ruinent les nations. Mais il sera rudement châtié toutes les fois qu'il sera infidèle à sa vocation (1). »

En parlant ainsi, le visage de l'évêque resplendissait de gloire, comme autrefois celui de Moïse. Le législateur évangélique des Francs avait une auréole semblable à celle du chef des Hébreux (2).

La prière de saint Remi à l'autel de Marie la veille du baptême des Francs, est restée dans la mémoire nationale, et s'est traduite par l'adage chevaleresque et chrétien : *Regnum Galliæ, regnum Mariæ.* La prophétie de l'évêque de Reims au berceau de

(1) *Annal. Baronii.*

(2) Hincmar, Vit. S. Remig., cap. XXXVII; *Patr. lat.*, tome CXXV.

la monarchie française s'est également réalisée au pied de la lettre. Quand la France s'est écartée de la vérité et de la vertu, quand elle a cessé de protéger l'Église, elle a précipité sa ruine. Témoins nos derniers désastres.

« Le jour, écrit le général Du Temple, le jour, pas la veille, pas le lendemain, le jour où nos troupes sortaient de Rome, nous éprouvions notre première défaite, Wissembourg; et nous perdions dans cette bataille un nombre d'hommes égal à celui qui sortait de la Ville éternelle.

» Le jour où le dernier soldat quittait l'Italie, à Civita-Vecchia, nous perdions notre dernière réelle bataille, Reischoffen.

» Le 4 septembre 1870, jour où croula la dynastie napoléonienne, était le dixième anniversaire du 4 septembre 1860, jour où Napoléon III, craignant plus les bombes d'un nouvel Orsini que Dieu, complotait dans une rencontre avec Cavour l'unité italienne et la chute de la papauté.

» Enfin, le jour où les Italiens paraissaient devant Rome, les Prussiens paraissaient devant Paris, et l'investissement complet des deux villes commençait le même jour [1]. »

Mettons le dernier trait à ce tableau.

C'est la France qui, depuis un siècle, est en Europe la mère de la Révolution, et Dieu permet, pour achever notre perte, qu'au 4 septembre nous tombions entre les mains de la Révolution.

Dans ces heures douloureuses, Marie n'a pas abandonné son Royaume : elle a prié pour nous. Aussi, après les malheurs de notre patrie et le déluge des maux dans lesquels elle succombait, Dieu redevenu

(1) Lettre publiée dans l'*Univers*.

clément a fait apparaître à *Pontmain*, sous un dôme d'étoiles, le signe vivant de sa miséricorde, sa très-douce Mère, l'arc-en-ciel après l'orage, le gage de la réconciliation, NOTRE-DAME DE L'ÉSPÉRANCE.

Le 17 janvier 1871, Marie a parlé à la France :

MAIS, PRIEZ, MES ENFANTS, DIEU VOUS EXAUCERA EN PEU DE TEMPS.

MON FILS SE LAISSE TOUCHER.

O France, as-tu gravé sur ton cœur palpitant ces paroles de salut? Marie veut te ramener à Jésus, le seul vrai Médiateur entre Dieu et les hommes. Il n'y a de salut possible qu'en Lui et par Lui.

A l'heure présente, tu cours aux abîmes, parce que tu ne veux pas comprendre ce mystère. Loin d'appeler le Christ Régénérateur, l'unique fondement des nations et du monde, tu le chasses! O France, le Christ est exilé de ta vie!...........

Entends enfin la voix de Marie, ta Souveraine et ta Mère! Prie, oh! prie! Tes supplications unies à celles de la Vierge Immaculée toucheront le cœur du Sauveur Jésus!

Aie foi dans la parole d'une mère!

Jésus se laissera toucher!

Tu vivras!

ÉPILOGUE

Au voyageur qui visite les chaînes resserrées des Pyrénées, le montagnard récite, avec quelques variantes, la sublime allégorie du poète américain, Longfellow, intitulée : *Excelsior*, plus haut.

« Les ombres de la nuit tombaient rapidement. Un jeune homme traversait un village des Pyrénées. Il portait, au milieu de la neige et de la glace, une bannière avec cette étrange devise : *Excelsior,* plus haut !

» Triste était son front; son œil avait la flamme du poignard tiré de son fourreau; sa voix comme un clairon de cuivre répétait ces sons d'une langue inconnue : *Excelsior,* plus haut !

» Dans d'heureuses demeures il voit la

lumière, la flamme du foyer qui pétille claire et chaude, et devant lui, là-haut, les spectres du glacier; de ses lèvres tombe, comme un sourd murmure : *Excelsior,* plus haut !

» Ne tentez pas la passe, dit le vieillard, la noire tempête gronde sur nos têtes; le torrent mugit vaste et profond; plus fort, la voix du clairon répond : *Excelsior,* plus haut !

» Oh! reste, murmure sa sœur, et repose ta tête fatiguée.

— Une larme s'arrêta dans son œil bleu; il soupira, mais il reprit : *Excelsior,* plus haut !

» Gare aux branches des pins, arrachés par la foudre! Gare à l'avalanche en fureur! — Ce fut le dernier adieu du villageois. Une voix répétait déjà sur la hauteur : *Excelsior !*

» A l'aube du matin, au moment où, vers le ciel, les pieux moines chantent l'office accoutumé, une voix fend l'air vibrant.

» C'est celle du voyageur à moitié enseveli sous la neige; sa main glacée serre encore la bannière à la devise mystérieuse : *Excelsior !*

» Là, dans le crépuscule terne et froid, sans vie, toujours beau, il est étendu; et de l'azur des cieux, de la sérénité lointaine tombe, comme une étoile, cette voix divine: *Excelsior !* Il est plus haut! »

Quel est le héros de cette émouvante allégorie?

Un jeune homme, un chrétien, qui gravit la montagne de la vie. Tout tend à le retenir... les tentations se succèdent sur ses pas; il monte sans s'arrêter jamais... *Excelsior*, plus haut!

La France nous apparaît aussi sous les traits énergiques du soldat du Christ. Regardez!

L'empire romain s'en allait en démolition sous les coups des barbares. Autour de lui, des peuples nouveaux tous païens ou hérétiques (1) : « Les ombres de la nuit tombaient rapidement. »

Un peuple nouveau, un peuple issu d'un sang barbare, mais pur d'énervantes souillures, sort des austères forêts de la Germanie : Clovis, son chef, a jeté au-delà du Rhin le regard qui promettait à sa race la possession des Gaules et la ruine des Romains. Clotilde, sous sa tente, lui parle du Christ Roi. Clovis écoute : *Excelsior,* plus haut !

Plus haut que la terre, il y a le Ciel !. .

Le royal guerrier, après avoir prié à Tol-

(1) Salvien le constate ainsi en son livre *Du Gouvernement de Dieu : Duo enim genera in omni gente barbarorum sunt : aut hæreticorum aut paganorum.*

biac, courbe la tête sous la bénédiction de saint Remi et reçoit le baptême du Christ. Du même coup, la France naît à la vie nationale et à la vie catholique.

Quelle est belle la Fille aînée de l'Église! Avec quelle noble vaillance elle étend son glaive pour protéger contre toute violence le droit, la justice et toutes les faiblesses du monde, surtout la grande et sainte faiblesse de l'Église!

Sa blanche bannière jette dans les airs, comme symbole d'espérance, le nom de MARIE!.

Regardez! elle monte, monte toujours... plus haut!... plus haut!... pendant qu'autour d'elle *mugit vaste et profond le torrent* des séductions, des hérésies, de la Révolution! *Excelsior,* plus haut!...

Vint une heure de ténèbres et de rage infernale.

« Quoiqu'il y ait toujours eu des impies, jamais il n'y avait eu, avant le XVIIIe siècle, et au sein du Christianisme, *une insurrection contre Dieu ;* jamais surtout on n'avait vu une conjuration sacrilége de tous les talents contre leur auteur ; or, c'est ce que nous avons vu de nos jours. Le vaudeville a blasphémé comme la tragédie ; et le roman, comme l'histoire et la physique. Les hommes de ce siècle ont prostitué le génie à l'irréligion, et, suivant l'expression admirable de saint Louis mourant, ILS ONT GUERROYÉ DIEU ET SES DONS (1) (2) »

Dans cette lutte à mort, la France catholique a tenu ferme sa bannière. Pendant

(1) De Maistre. *Essai sur le principe générateur*, LXI.

(2) Joinville, dans la collection des Mémoires relatifs à l'histoire de France.

que se précipitait l'avalanche en fureur, dévastant et le trône et l'autel, on entendait sur la hauteur : *Excelsior!...*

« A l'aube du matin, une voix fend l'air vibrant : »

Marchons!...

Qui parle ainsi?

– C'est un Roi!... Un Roi qui naguère écrivait une prière et un vœu où nous trouvons cette invocation à Marie : *J'appelle à mon secours le tendre cœur de Marie, mon auguste protectrice et ma Mère.*

A qui s'adresse ce Roi?

— A son bourreau!...

Enfants de la France, écoutez cette voix sonore :

Français, je meurs innocent! Je par-

donne aux auteurs de ma mort; je prie Dieu que mon sang ne retombe jamais sur la nation. Je désire que ma mort.....

Un roulement de tambours couvre la voix du prince; et des lèvres du ministre sacré tombe cette parole :

Fils de saint Louis, montez au ciel!

« Et de l'azur des cieux, de la sérénité lointaine tombe, comme une étoile, cette voix divine :

Excelsior! Il est plus haut! »

Le sang du juste ne coule pas en vain!...

O France! puissent les reliques et le sang de tes martyrs apaiser la colère divine et t'épargner de nouvelles catastrophes!

O France! espère : « La mort des Saints

a un grand prix aux yeux de Dieu. *Pretiosa in conspectu Domini mors sanctorum ejus.* »

Lève les yeux vers la montagne d'où te vient le secours. A la Salette, à Lourdes, à Pontmain, que de prodiges opérés pour ton salut !

A l'heure présente, pour te ramener à Jésus et te sauver, Marie te conseille la prière.

O France, tu as besoin de prier, parce que tu souffres!

En désertant la feuillée hospitalière, l'oiseau élève sa voix : ses cris demandent au Seigneur de semer pour lui une graine dans le sillon, de lancer un insecte dans l'air, d'épancher une goutte d'eau sur la feuille du pampre.

O France bien-aimée, toi aussi tu as besoin d'une nourriture céleste :

Vis de prière !

PRIÈRE

Dans le rit *Parisien,* l'Office du dimanche dans l'Octave de l'Assomption était consacré à la commémoration du vœu de Louis XIII, plaçant son royaume sous le patronage de la Mère de Dieu.

Dans les nocturnes de cet Office, après le bel édit de Louis XIII, dont la citation fait l'objet de la première Leçon, vient, en deux Leçons, la magnifique prière que saint Ephrem adressait à la Mère de Dieu, il y a *quinze siècles,* et que la France ne saurait trop redire aujourd'hui :

« Vierge souveraine, Mère de Dieu, porte » de l'éternelle vie, intarissable fleuve de » miséricorde, ornement de la cour céleste, » Océan inépuisable de miracles, nous vous

» prions et vous invoquons, Mère miséri-
» cordieuse du Seigneur très-bon. Inclinez
» les regards de votre bienveillance sur
» notre servitude et notre abaissement; dis-
» sipez nos ennemis visibles et invisibles.
» Soyez à notre indignité une tour de cita-
» delle, une armure de bataille, une forte
» armée, et un chef et un combattant invin-
» cible au front de nos ennemis. Faites voir
» en nous, en ce jour, vos antiques miséri-
» cordes et ses merveilles. Faites voir à nos
» impies ennemis, que le seul Roi est le
» Seigneur, votre Fils Dieu, et que vous êtes
» proprement Mère de Dieu (1), et que vous
» pouvez toutes choses, et que vous êtes
» maîtresse de tout ce que vous voulez au
» ciel et sur la terre.

« Accordez à tous ce qu'ils vous deman-
» dent, à chacun ce qui lui est avantageux;
» accordez, ô Notre Dame, aux malades,

(1) Près de cent ans avant le concile d'Ephèse.

» la santé; aux navigateurs, le calme et la » gouverne; aux voyageurs, soyez une com- » pagne et une garde; aux cœurs brisés, » une consolation; à la pauvreté et à toute » misère, un soulagement. Que nos Rois, » aussi, fidèles, respectés au redoutable » nom de votre Fils unique, confiants dans » votre patronage et votre grâce, et vous » confessant Médiatrice et Protectrice en » toute chose, reçoivent de vous un renfort » invisible contre l'assaut de l'ennemi. Dis- » sipez le nuage de tristesse qui viendrait à » fondre sur leur esprit; arrachez leur âme » à l'accablement et insinuez en elle une » splendide et joyeuse tranquillité, en leur » procurant un pouvoir et un règne paci- » fique et que la sédition ne trouble pas. » Délivrez, ô Notre Dame, par vos prières, » ce troupeau qui a en vous une particu- » lière confiance, ainsi que tout ce royaume, » de la famine, des tremblements de terre,

» de l'inondation, du feu, du glaive, de » l'incursion des barbares, de la guerre » civile; et détournez la colère céleste si » justement allumée sur nous, par le bon » plaisir et la grâce de Celui qui est votre » Fils unique et notre Dieu. »

J. M. J.

TABLE

II.

1242 - Anc Imp. Charpentier. — Édouard Vincent et Cᵒ, Nantes.

105

www.ingramcontent.com/pod-product-compliance
Ingram Content Group UK Ltd.
Pitfield, Milton Keynes, MK11 3LW, UK
UKHW012232240726
13966UKWH00003B/1062